DOCUMENTS INÉDITS

POUR SERVIR A L'HISTOIRE DE L'AGENAIS

DOCUMENTS

INÉDITS

POUR SERVIR A L'HISTOIRE DE L'AGENAIS

DIX LETTRES DU ROI DE NAVARRE (HENRI IV)

PAR

M. GEORGES THOLIN

AGEN

IMPRIMERIE ET LITHOGRAPHIE Ve LAMY

1884

DOCUMENTS INÉDITS

POUR SERVIR A L'HISTOIRE DE L'AGENAIS.

DIX LETTRES DU ROI DE NAVARRE (HENRI IV).[1]

I

Lettres écrites aux Consuls et aux habitants d'Agen, à M. de Lusignan, gouverneur d'Agen, au maréchal de Danville.

Le roi de Navarre, après son évasion de Senlis (4 février 1576), avait organisé la résistance dans les provinces de l'Ouest et du Sud-Ouest. Il ne tarda pas à s'établir fortement à Agen, où il résida souvent pendant plus d'une année (Août 1576 — Octobre 1577).

Les actes de son administration durant cette période ont été fort insuffisamment étudiés par nos annalistes. Nous voyons le prince tenter à diverses reprises de placer une garnison nombreuse dans

---

[1] Avant d'entreprendre la publication d'une nouvelle série de documents inédits, je crois devoir m'excuser auprès des lecteurs de la *Revue*. Ne jugent-ils point que ma signature apparaît trop souvent dans ses livraisons et, quelle que soit leur bienveillance, ne suis-je pas exposé à fatiguer leur attention ?

Une seule raison peut m'engager à persévérer dans cette voie : la plupart des articles parus sous ma signature sont en réalité impersonnels. Je remplis le rôle de copiste plutôt que celui de rédacteur et, par exemple, aujourd'hui, l'on peut me pardonner au nom d'Henri IV.

Je poursuivrai donc cette série, en préparant un lot fort important de lettres inédites du maréchal Armand de Gontaud-Biron, qui expliquent quelques-unes des lettres écrites par le roi de Navarre aux Agenais.

Toutes ces pièces sont tirées exclusivement des archives de l'hôtel de ville d'Agen.

la ville et rétablir la discipline parmi les troupes. Pour se concilier la sympathie des deux partis, il travaille à faire observer les articles de la paix de Bergerac, accorde la sauvegarde aux églises et aux ecclésiastiques et prend le titre de « protecteur des églises refformées de France et catholicques associes ». Il diminue les charges des habitants d'Agen, en leur associant, pour les impositions, des juridictions voisines. Il garantit la liberté individuelle et fait des concessions pour l'ouverture des portes de la ville. Il exige des gens de sa suite qu'ils respectent et défrayent leurs hôtes, cherchant à prévenir par là les abus qui, dans les guerres précédentes, avaient fait redouter aux habitants notables du pays le secours de leurs alliés presque à l'égal de l'occupation ennemie.[1]

Eloigné d'Agen, le roi de Navarre écrivait, et voici quelques épaves de cette correspondance. Un commentaire fort court précède chaque lettre.

Deux jours après que le cinquième édit de pacification (15 mai 1576) eût été signé, le roi de France adressa aux Consuls d'Agen (17 mai — Voir : reg. BB. 30, f° 361) une lettre pour en assurer l'exécution.

Huit jours après, le roi de Navarre écrivait, pour le même objet, la lettre qui suit, à rapprocher de celle qu'il envoya le même jour à Geoffroi de Vivans.[2]

---

[1] Pour faire apprécier la richesse de nos archives d'Agen en documents inédits de cette époque, je citerai simplement ce fait qu'une seule liasse, rattachée par une cordelette, contient 23 ordonnances du roi de Navarre, avec signatures autographes. Je leur emprunte les dix lignes du résumé qui précède. Dès l'année 1873, j'avais tiré de ce dossier précieux la copie d'une sorte de code militaire, plein de renseignements sur l'organisation des troupes, les peines disciplinaires et les droits de la guerre. J'ignore la destination donnée à ce document, qui fut adressé au Comité des Travaux historiques ; je le crois encore inédit. Je suis heureux qu'un de nos collègues, fort bien préparé pour traiter ce sujet, se soit décidé à le reprendre. J'espère que la Revue en aura prochainement le bénéfice.

Cet article est limité à la publication de quelques lettres ; mais c'est un volumineux chapitre de notre histoire qui reste à écrire sur les rapports du futur roi de France, Henri IV, avec les Agenais.

[2] Rec. des lettres missives, t. I, p.91.

Au Maire et aux Consuls d'Agen.

Messieurs, par les letres que le Roy Monseignieur vous escript vous cognoistre la compassion qu'il a de tant de miserez et calamites que ses pauvres subjectz onct souffertz au moyen des troubles quy de cy loing temps ont eu cours en ce royaulme; pour a quoy obvier, il a, par son grand soing et solicitude, estably une bone et ferme paix, ainsin que est contenu par l'edit de reglement qu'il en a arreste, lequel estant publie en la Court de Parlement de Paris et pour mesme effest envoye en toutes ses aultres courtz et provinces de ce royaulme, il m'a despeche le sieur de Sainte-Colombe, me commandant le faire garder et observer par tous les lieux et endroictz de mon gouvernement. A ceste cause et qu'il s'en va pour mesme effect par devant vous, je l'ay bien voleu assister du sieur de Saintorse, l'un de mes gentilshommes, pour vous prier, Messieurs, de volloir, incontinant et sans user de remission, satisfaire au contenu desdictes letres, vivans les ungs avec les autres en mutuelle concorde et amytie; et, pour ce que vous entandrez plus ampl^t ment par le sieur de Sainte-Colombe la charge qu'il en a, ne vous feray la presente plus longue que prier Dieu, Messieurs, qu'il vous aye en sa sainte garde. De Thouars, ce xxve jour de May 1576. Votre bon amy, Henry. A Messieurs les Maire et Consulz de la ville d'Agen.

Coppie a l'original par moy de La Rocque.

(BB, 30 f° 361.)

Notre savant collègue, M. Tamizey de Larroque, nous a raconté les péripéties du siège de Marmande en 1577.[1] Ce fut un échec pour le roi de Navarre.

La lettre qui suit, récemment découverte dans un livre de police des consuls d'Agen, se rapporte au début de l'entreprise. Elle nous montre que le roi savait stimuler ses partisans et qu'il n'avait rien négligé pour assurer le succès de cette *affaire de conséquence*.

A M. de Lusignan, gouverneur d'Agen.

Monsieur de Lesinhan, pour ce que l'exemple de la desobeissance de ceulx de Marmande [qui] m'ont reffuze les portes, est de telle importance

---

[1] *Notice sur la ville de Marmande.* Villeneuve. Dubois. 1872, p. 73 et suiv.

que s'ilz ne sont chasties il n'y a bicoque en Guyenne qui n'entrepregne de faire le semblable, je vous prie, incontinant apres la presente receue, de user de telle diligence que demain vous puissiez faire embarquer les troys pieces qui sont a Agen pour les conduire audit Marmande avec l'équipaige qui est requis pour tirer deux ou troys cens coups de canon et m'envoier ung commissere d'artillerie et les deux canoniers qui font les fuzees, avec autres jusques a deux pour piece, s'il est possible, et en somme tout ce qui est requis pour cet effect et execution laquelle est de conséquance. Je vous en prie derechef, ensemble de prandre garde a votre place, ce que m'assurant que vous ferez sans obmetre aucune chose de tout le soing et diligence qui y est requis, je ne vous en diray davantaige, si ce n'est pour prier Dieu vous tenir, Monsieur de Lesinhan, en sa tres sainte et digne garde. De Thonenx, ce xiii° jour de Janvier 1577. Votre bien bon et assure amy, Henry.

Et au-dessus : à Monsieur de Lesinhan, gouverneur à Agen.

(Reg. coté FF., 35, non paginé.)

La lettre suivante se réfère à l'exécution de l'édit et peut être rapprochée d'une autre insérée dans le même registre (BB. 33. f° 18), dont il est inutile de donner le texte. Adressée de Lectoure aux Consuls d'Agen, le 27 décembre 1577, elle est identique à la lettre écrite aux Consuls de Bergerac, qui a été publiée par M. Berger de Xivrey. (Rec. des lettres missives, t. I, p. 157.)

Aux Consuls d'Agen.

Messieurs, s'en allant mon cousin Monsieur le mareschal de Biron en vostre ville, j'ay bien voleu l'accompagnier de la presente que sera pour vous prier de vivre tous unanimement en repos et en bonne union et concorde et appourter en tout ce qui sera envers (sic) une bonne affection et droicte intention a l'establissement de la paix et observation des edictz du Roy Monseigneur, ainsy que j'ai prié mon dict cousin vous dire de ma part et au reste vous assurer de ma bonne volonté envers vous et en faire estat ; ne estant la presente a autre fin, je prieray Dieu vous tenir, Messieurs, en saincte et digne garde. De Lectore, ce xxvi° novembre 1577. Votre bien bon et assure amy Henry.

Et au-dessus : les officiers et consulz de la ville d'Agen.

(BB. 33, f° 16.)

La dépêche suivante concerne l'établissement d'une garnison à la Porte-du-Pin, transformée en forteresse. Cette tentative du roi donna lieu à des difficultés dont j'aurai à traiter plus longuement en publiant les lettres du maréchal de Biron.

Pour se concilier les Agenais, quelque peu effrayés par cette occupation militaire, le prince annonce qu'elle cessera bientôt et qu'il vient d'assurer l'accomplissement d'un vœu qui leur était cher, l'installation dans leur ville de la Chambre de l'Edit.

Aux Consuls et habitants d'Agen.

Messieurs, le soing que j'ay eu de votre bien et soullagement et au temps de la guerre et despuis qu'il a pleu a Dieu nous donner la paix, m'a induict, voiant les monnopoles qui se sont faictz pour troubler le repos des principalles villes de ce gouvernement, a jecter ma plus specialle sollicitude sur votre conservation, et, estimant que, selon le temps, il estoict besoing de tenir quelque petite forme de garnison en la Porte-du-Pin, affin de servir de bride a ceulx qui vouldroient entreprandre contre le repos de votre ville, dont ayant plusieurs fois traicté avecques Monsieur le mareschal de Biron et, sur les frequentes requisitions qu'il m'a faictes de faire vuider ladite garnison, je luy ay accordé ce qu'il m'a demandé, en remectant toutesfois l'execquution apres que Monsieur l'admiral s'en sera alle de Bourdeaulx, suyvant ce que le Roy Monseigneur luy a commandé. Cependant est survenue l'entreprinse de Périgueulx et en mesmes temps de plusieurs aultres ; ce qui requiert, pour prevenir les troubles qui s'en pourroient ensuivre, ung bon establissement de justice, par le moyen de laquelle, toutes deffiances levees et ostees, chascun puisse jouir de la paix ; et, d'aultant que vous m'aves cy-devant prye de moyenner envers sa Majesté que la Chambre ordonnée par l'edict soict installee en votre dicte ville, l'ayant obtenu et en attendant de jour a aultre les provisions necessaires, j'ay estimé que, pour n'estre frustrés de ce que vous desires, le meilleur sera d'attendre l'effect de ladicte installation, et ay prié ledict sieur de Biron d'avoir ceste patience pour vous et pour la consideration du bien qui vous en adviendra, auquel seul je tends, vous priant aussi vous y ayder tant envers ledit sieur de Biron que sadicte Majesté, affin que d'aultant plus tost vous puissies veoir votre ville decorée de cest ornement, et que cependant il n'advienne rien qui vous face perdre ceste esperance, dont je serois infiniment marry, et non moings si de ladicte garnison vous receviez aulcune incommodicte, ainsy que j'ay tres expressement commandé au sieur de Lerids que vous m'aves tousjours faict entendre vous estre agreable. Sur quoy je prieray Dieu, Messieurs, vous tenir en sa sainte et digne garde. A Lectoure, ce vi février 1578.

Votre meilleur et plus assure amy, Henry.

Au revers : Messieurs les consuls et habitans de la ville d'Agen.

(Fragment d'un cachet appliqué sur une bande de papier. Original. EE. 58. Les mots reproduits en italiques sont autographes.)

La pièce qu'on va lire se réfère à la querelle du duc d'Anjou contre Henri III. Attentif à tous les évènements, le roi de Navarre prévient activement les troubles qu'ils peuvent susciter. Le duc d'Anjou s'était échappé du Louvre le 14 février. Le 27 du même mois, le roi de Navarre écrit de Lectoure pour mettre les Agenais en garde contre les intrigues et peut-être aussi pour apaiser les esprits ou démentir les faux bruits.

Aux Consuls d'Agen.

Messieurs les consuls, auparavant recevoir votre lettre par Lamberdure, present porteur, j'avoy este adverti de la sortie de Monsieur frere du Roy Monseigneur de la Cour, et vouloy vous depecher expressement un aultre des miens pour vous faire entendre qu'il ne seroict pour cela rien innové, et a cette fin que vous n'en prinssiez aucune alarme ou pensissiez (sic) qu'il deubt estre rien altéré au repos public ; ce que j'ay donné charge audit de Lamberdure vous dire de mes parts et de nouveau vous asseurer et affranchir de touts doubtes que l'on doibve rien attempter ou entreprendre, ayant esté bien ayse d'avoir veu par les lettres que vous m'aves escrittes et ce qu'il m'a raporté que toutes choses se passent doulcement par della, par le bon debvoir que vous y tenes, et le seray encor plus que vous continues ; dont je prie Dieu, Messieurs les consuls, vous faire la grace. De Lectoure, ce xxvii février 1578.

Votre bien bon amy, Henry.

[Au revers] Messieurs les Consuls de la ville d'Agen.

(Cachet appliqué sur une bande de papier. Original. EE. 58. Les mots reproduits en italiques sont autographes.)

Une lettre non datée, dont il existe seulement une copie ancienne dans nos archives, a trait aux événements qui agitèrent le Languedoc au commencement du mois de mars de l'année 1578.

A ce moment, le roi de Navarre eut à réprimer des excès commis par ses coreligionnaires.

Le destinataire de la lettre est, selon toute vraisemblance, le maréchal de Danville. Les rapprochements sont faciles à faire entre ce document et celui qui figure dans le *Recueil* à la date du 14 mars 1578 (t. I, p. 63).

Au point de vue de l'histoire locale, nous avons à remarquer le post-scriptum. Dans la crainte que le contre-coup de ces prises d'armes ne se fît ressentir en Guienne, le roi de Navarre engage le maréchal à surveiller Agen.

Au maréchal de Danville.

Mon cousin, je pence bien que vous me vouldrez bien mal de ce que j'ay faict ce voyage; mais Dieu faict tout pour le mieulx et esperes qu'il en reussira du bien; car, comme je suis arrivé en ceste ville de Mazieres, ceulx de la religion ont prins Avignonet, que est la principalle ville de Laureguoys. J'ay maintenant envoye a Messieurs de la Cour de Parlement de Tholouze et au sieur de Cornusson afin qu'ilz contiennent toutes choses et pour m'offrir y aller pour en faire justice, comme je n'eusse fally de faire promptement si ce eust esté en mon gouvernement. Je vous prye, mon cousin, tenir la main de votre part a ce qu'il ne ce remue rien, et vous assure que de ma part je n'oblieray rien car il nous fault, maugres tous les meschans et turbulans, establir la paix. Je m'arresteray guieres en ce voyage, car j'ay bien bonne envie de vous revoyr. Et ce pendant aimes tousjours. Et plus bas : Votre bien affectionne cousin et assure amy, Henry.

Au desoubz y a escript : Il me semble, mon cousin, que vous feriez bien d'aller à Agen pour donner ordre que ce faict n'y apporte quelque alteration.

(Copie du XVI° siècle. EE. 58)

Les nouvelles d'une prise d'armes, démenties dans la lettre qui va suivre, sont traitées fort au sérieux par le roi de Navarre, qui, le lendemain, 20 juin, engageait Bellièvre à *monter à cheval incontinent*.[1]

Faut-il croire que le prince jouait double jeu? Le document ci-dessous est intéressant par la comparaison qu'on en peut faire avec les correspondances de la même date.

Aux Consuls d'Agen.

Messieurs, le désir que j'ay de la paix ne peult permetre que je ne passe soubz silence les advertissemens que j'ay euz, estimant estre de mon debvoir les vous faire entandre premierement que d'en concevoir quelque maulvaise conjecture, d'aultant qu'ils concernent le bien et repoz commun de tous : c'est qu'on me mande de plusieurs endroictz, et des catholicques mesmes, que ceulx de la religion debvoient prandre les armes le xxv^e de ce moys ; et a passe ung nomme Solers, quy a dict que le roy avoict commande les prevenir, qu'il estoict despesche de la Court expres pour cest effect et qu'il avoit escript au marechal de Biron de retorner dans Bourdeaulx et qu'on executast toutes les entreprinses qu'on pourroict sans se arrester a mes lettres. Comme de faict vendredy dernier six ou sept cens arquebuziers donnarent aux murs de Mazières. Cest advertissement est faulx et ne puys croire celluy dudict Solers. Toutesfois, on ne doibt rien negliger pour ne thumber aulx embusches que plusieurs dressent arthificieusement, tachans de nous ramener aulx armes ; et pour ce, Messieurs, affin que, estans advertis de l'intention du Roy, vous ne doubtiez de la mienne, je vous ay bien voulu escripre ceste cy expres pour vous asscrer que je n'ay desseing ny volonté quelconque que de conserver la paix, delibere de repoulcer le plus loing que je pourray toutes occasions contraires. Comme je tiendray la main que ceulx de la religion facent le semblable, aussy suys je certain de l'intention du Roy, laquelle il m'a déclaré par ses letres et me declare chescun jour par le sieur de Bellievre, son conseilier d'estat. Que, s'il advient qu'on vous face autre rapport, je vous prie m'en advertir afin que je vous en esclarcisse et ne croire poinct que le retour dudit sieur marechal apportast aucune seurte a votre conservation mais plus tost une alteration contraire ez esperitz de ceulx qui cognoissent quelle peult estre son

---

[1] *Rec. des lettres missives*, t. I, p. 376.

humeur. Prenez ceste confiance de moy, comme je la prendray de vous et vous assures que je suis en ces montaignes pour les eaues, sans autre cogitation que a conserver ma sainte, n'estant besoing croistre les gardes ny a Auchs ni allieurs, ainsi que nous actions vous tesmoigneront si Dieu plaist, auquel je prie, Messieurs, vous avoir en sainte et digne garde. A Aiguescaudes, le xix° jour jour de juing 1581. Votre bien bon amy, Henry.

Et au-dessus : a Messieurs les consulz de la ville d'Agen. Copie a l'original. De La Rocque.

(Reg. BB. 33, f° 105.)

La lettre suivante nous reporte à deux années de distance.

On peut voir dans les notes de M. Berger de Xivrey [1] que ce n'est pas sans peine qu'on a pu fixer la date du hardi coup de main exécuté par le roi de Navarre sur Mont-de-Marsan. Le pays dut s'en émouvoir ; le roi semble plaider auprès des consuls d'Agen les circonstances atténuantes et tout , jusqu'à la note plus explicite écrite en marge, atteste ses préoccupations.

Aux Président, Magistrats et Consuls d'Agen.

Messieurs, vous avez cy-devant peu entendre l'insolence de mes subjectz du Mont-de-Marssan, qui ont ruyne mes maisons en temps de paix et brusle le lieu ou s'exerçoit la justice, et la connivence dont on a uze despuis deux ans au lieu de m'en faire raison, selon l'intention du Roy monseigneur, et suyvant ce qu'avoict este convenu et acorde avec moy et ce qu'est pourte par le edict de pacification, du benefice duquel je me treuve seul prive en cella, l'ayant faict executer à l'endroict des autres en mon gouvernement; ce qu'encores je suportay, esperant qu'a la fin ils se pourroint reduire a la raison et a leur debvoir; mais, au lieu d'y veoir quelque amandement, ilz me desnyent a present mes debvoirs et desdagnient de se treuver aux estatz de mon pays souverain de Bearn, comme ilz sont teneuz et ont de tout tempz acoustume , pour y prendre

---

[1] *Rec.*, t. I, p. 391.

leur cothite; et, en oultre, continuans a uzer de mespriz en mon endroict, en ce qu'ilz ferment la porte a mes gens et a tous ceulx qui s'avouent de moy, passant leur chemin par ladicte ville, et leur font ordinairement des affrontz jusques a avoir ces jours passes foule l'homme de ung de mes gardes jusques a la mort; naguyeres estant a Tartas, a troys lieues d'eulx, et ayant envoye ung de mes maistres d'hostel vers eulx pour les advertir de leur debvoir et les convier a me benir viziter, leur vollant uzer de bonte, ils ne l'ont vollou ouyr ne me fere responce, quy sont actes sy insuportables qu'a mon grand regrect j'ay este constrainct, apres avoir tante en vain tous moiens, d'avoir recours au dernier remede, boyant qu'il n'y en auroict plus aulcung autre, et que ma longue passience accroissoict de plus en plus leur insolence, et affin aussi de ne donner trop de pied en autres lieux a la desobeyssance, quy est en ce temps un mal sy contagieux qu'il est necessaire d'en arrester a la fin le cours; pour leur monstrer en une juste rigeur plus de clemence qu'ilz ne meritent, j'ay prins la peynne de me y rendre en personne, n'ayant autre intention que les reduyre a ce quy est de la raison et debvoir, de quoy je vous ay bien vollou advertir et vous prier, Messieurs, de mettre le tout en bonne consideration et croire que je n'ay autre but que le bien de la paix et repos commun, le service du Roy monseigneur, l'observation de ses edictz avecques la conservation de mes droictz et aucthorite et de ce que m'appartient, et au reste vous asseurer de ma bonne voullonte en votre endroict partout ou j'auray moyen et ou l'occasion s'en presentera. Sur ce, je prieray Dieu vous tenir, Messieurs, en sa saincte digne garde et protection. De Nérac, ce xxi° jour de Novembre 1583

Et plus bas : votre affectionne et asseure amy, Henry.

Et en marge de ladicte letre est escript : Messieurs, je vay donner quelque bon ordre en madicte ville ou je suis rentre graces a Dieu sans aulcun desordre violence ne exces, ce que desiroy sur tout, vous priant croire qu'il n'y a rien du general en ce faict mais sullement une vollonte de rentrer au myen comme chacun vouldroict fere quand les autres moyens deffailhent. Faittes estat au reste de moy.

Et a la susbcription : A Messieurs les president, magistratz et consulz d'Agen.

Coppie extraict a son original, ainsin signe : Cargolle, greffier.

(BB. 33, f° 211.)

D'une date bien posterieure aux autres lettres de cette serie, la dernière se rapporte au moment critique où les Espagnols avaient envahi le nord de la France, s'emparant d'Amiens. Henri IV réclame l'assistance de ses bonnes villes. On trouve dans le *Recueil* (t. IV, p. 766), une lettre de la même date qui délègue le sieur du Houssay, conseiller à la Cour du Parlement de Paris, pour remplir auprès des habitants de la ville de Périgueux une mission pareille à celle qui était donnée au sieur de Nesmond, envoyé tout exprès à Agen..

Aux habitants d'Agen.

De par le Roy. Chers et bien amez, ayans résolu de depescher vers toutes noz meilleures villes aucuns bons et notables personnages pour leur representer au vray l'estat present des affaires de ce royaume et leur faire comprendre le danger où il est d'une prochaine invasion des ennemys, si tous les bons francois, mesmes les habitants de nos dites villes, ne s'efforcent a ce coup de nous assister de leurs moiens pour l'en garentir, nous avons particullierement choisy le sieur de Nesmond, conseiller en nostre Conseil d'Estat et president en notre cour du parlement de Bordeaulx, pour le depputer vers vous a cest effect ; et, d'aultant qu'il vous scaura bien faire entendre ce qui est en cela de notre intention et de votre debvoir, il ne nous reste a vous advertir d'autre chose par ceste cy si non de luy donner entière foy et creance en ce qu'il vous dira de nostre part et vous y conformer, vous representans que, avecq ce peu de secours que vous nous donnerez, vous pourvoirez a la conservation du reste de voz fortunes et celle de voz libertez et vye, ce que nostre bonne ville de Paris ayant mis en considération, elle s'est résolue a nous faire une notable subvention telle que vous entendrez par ledict sieur Nesmond, qui vous doibt d'aultant plus inciter a vous mettre en semblable debvoir, en nous remectant de toutes choses a sa suffisance, nous ne vous ferons poinct la presente plus longue. Donné a Paris, le xxie jour de may 1597. *Henry.*

[Cote :] Lettres de Sa Magesté adressante aux habitants d'Agen.

(Lettre encadrée dans la salle des archives, avec une copie de la main de M. Bessières.)

II

Lettre écrite à Mérens, nommé gouverneur de Layrac.

A la nouvelle de l'assassinat de Henri IV, Pierre de Mérens [1] convoqua la jurade et les habitants de la ville de Layrac, dont il était gouverneur, et leur fit prêter le serment de fidélité au nouveau roi. De plus, on s'engagea réciproquement à vivre en paix *sans faire exception de personnes ny religion*. Les gardes furent organisées.[2] On craignait le retour des troubles qui avaient précédé l'avènement du feu roi. Les faux bruits de révoltes à Paris, une tentative à main armée sur le fort voisin de Sauveterre n'étaient pas fait pour rassurer; les partis jadis en guerre, de force presque égale dans le pays, s'observaient mutuellement. Agen et Laplume avaient servi la Ligue et restaient des villes catholiques; à Layrac, et sans doute aussi à Puymirol, les protestants étaient en majorité. Telle était la situation respective de villes voisines; et l'on comprend qu'il fût difficile de maintenir la concorde, même dans une petite juridiction comme l'était celle de Layrac.[3] On jouait aux tracasseries, en attendant peut-être les prises d'armes.

Cette même année 1610, un nouveau prieur des religieux de Layrac, de Lafontaine, fit son entrée dans la ville, dont il était le seigneur. Les quatre consuls en charge, alléguant qu'ils appartenaient à la religion réformée, ne voulurent pas recevoir le serment de fidélité que tout abbé nouveau devait prêter sur l'Evangile et sur la croix « d'estre bon seigneur, tenir ces feaulx fleusatiers en leurs pre-

---

[1] Il était originaire de la localité qui porte ce nom, ainsi que le prouve un contrat passé pour lui, dans sa maison, par Bernard Delas, notaire à Fleurance. La commune de Mérens dépend du canton de Jégun, département du Gers.

[2] Le même fait se produisit à cette occasion dans toutes les villes du pays dont j'ai eu l'occasion d'étudier l'histoire.

[3] D'après une délibération de novembre 1620, la ville de Layrac était une place de sûreté pour les protestants.

rogatives, dignités, honneurs, privilieges et les y maintenir selon les coustumes. » Ils déléguèrent pour les représenter deux jurats catholiques. C'était mal débuter avec un personnage influent, qui avait, entre autres droits, celui d'élire chaque année les consuls, sur une liste de présentation de huit noms.

Peu de temps après, des dissentiments plus graves se manifestèrent au sujet des écoles. La jurade ayant nommé un régent protestant, la minorité ne put réussir à faire partager les gages entre deux régents, dont l'un fût catholique. Ainsi des divisions profondes existaient au sein de la population. Des conflits auraient pu se produire également entre les chefs : si d'une part le seigneur de la ville était un moine, d'autre part le gouverneur pour le roi, Pierre de Mérens, professait la religion réformée. Ce dernier fut assez sage pour tenir la balance égale : le danger lui paraissant venir du côté de ses coreligionnaires, il retira les clefs de la ville des mains des consuls protestants, pour les confier à son lieutenant, Samuel Sauvaignas; de plus, il toléra des réunions en armes sous la surveillance du même lieutenant; un certain nombre de catholiques prirent part à ces exercices militaires et les forces se trouvèrent équilibrées. Ces mesures, qui n'avaient d'autre objet que le maintien de l'ordre, indisposèrent quelques intolérants : Mérens fut accusé par eux de violer les édits de pacification; son titre même de gouverneur de la ville fut contesté : on accordait qu'il était simple gouverneur de la citadelle. Avisé de ces rumeurs, celui-ci accepta la discussion résolument; il produit en jurade ses lettres de commission dont la teneur est formelle, puis demande qu'elles soient transcrites sur les registres; enfin, s'adressant à tous, protestants et catholiques, il déclare que « ce sont passés vingt-deux ans, il auroit esté, comme il est à present, gouverneur pour le roy en la present ville, sans qu'il y aye personne, tant de la present ville que juridiction, qui ce puissent se plaindre de luy pour les avoir molestes ny usé d'aulcune extortion, partant auroict requis à tous les assemblés qu'ils luy eussent à déclarer, pour luy servir d'attestation, si aulcun a occasion ce plaindre de luy. » Aucun des consuls et des jurats n'osa formuler une plainte précise; les plus hostiles durent battre en retraite et le sieur de Mérens obtint ce jour-là satisfaction entière, un témoignage d'approbation pour le passé et de confiance pour le présent et l'avenir.

Nous devons à ces incidents, relatés tout au long dans les *records* de la jurade, la conservation d'une lettre du roi de Navarre, écrite de son camp de Darnetal, devant Rouen, le dernier jour de l'année 1591, à l'un de ses anciens et fidèles compagnons d'armes.

Cette lettre, que l'on va lire, fournit une preuve, à joindre à tant d'autres, de l'activité du prétendant : au milieu des opérations militaires les plus difficiles, à plus de cent lieues de notre province, le roi de Navarre ne négligeait aucun détail, jusqu'à se préoccuper du sort d'une petite ville, fidèle à sa cause. De tels actes répondent à ces axiômes justement inscrits dans notre lettre : *Ce n'est pas tout de bien commencer quy n'acheve; il faut continuer de faire de bien en mieux, ayant l'œil ouvert.* Ainsi le futur roi de France dictait aux autres les principes de conduite dont il s'inspirait lui même.

Ce souverain, diligent et qui se connaissait en hommes, aurait pu, comme tant d'autres, se contenter de faire expédier le brevet de commission, dont le sens est assez précis et les considérants assez flatteurs; mais, par une marque d'estime particulière pour un *bon, vaillant et experimente capitaine*, il lui adresse en même temps une lettre personnelle, dont les termes honorent grandement le gouverneur de Layrac.

Il convient de dire quelques mots sur la suite de l'administration de Pierre de Mérens. Ni sa ferme conduite, ni le vote de confiance qu'il avait obtenu ne désarmèrent la malveillance; de nouvelles difficultés surgirent. Le 6 octobre 1611, Mérens déclara que « ce voyant en ses vieux ans », il s'était démis de son gouvernement en faveur de son fils, Paul, sieur de Casenove. L'opposition la plus vive se déclara contre le nouveau titulaire. On reprochait à Paul de Mérens d'avoir agi en plusieurs circonstances au détriment des intérêts de la religion réformée; on le citait même à comparaître devant l'assemblée des églises de la Basse Guyenne, qui devait se tenir, le 18 octobre, à Casteljaloux, afin d'y fournir l'explication de sa conduite. Ces griefs étaient-ils fondés? Nous l'ignorons. Quoi qu'il en soit, le vieux gouverneur dut faire annuler la commission déjà obtenue pour son fils et reprendre sa charge, qu'il exerça encore trois années, avant de donner sa démission. Blaise de Laurière, baron de Moncaut, lui succéda le 31 mai 1614. Ce gouverneur fut souvent en lutte à la fois contre le duc de Roquelaure, commandant la province, et contre les habitants de Layrac; c'était de quoi inspirer quelques regrets à ceux qui avaient méconnu la sagesse et la modération de son prédécesseur.[1]

Extraits du livre des records de la jurade de Layrac (1609-1612), Coté BB., 1, folio 68.

L'an mil six cens unze et le vingtiesme jour du mois de May, dans la ville de Layrac et maison commune d'icelle..... par ledit sieur de Merenx a este representé que le feu roy, estant roy de Navarre, en l'annee mil cinq cens huictante huit et au moy de may, luy commanda de venir en la presant ville, pour, soulz son commandement, estre gouverneur en icelle, ce qu'estant, et receu par les habitans de la presant ville, il fist apparoir de ses lettres patentes, lesquelles feurent enregistrees. Or, d'aultant que plusieurs habitans, tant de la religion que catholiques, disent qu'il n'est que simple gouverneur de la citadelle, pour monstrer comme sadite Majesté luy auroict du despuis, ayant esté receu roy de France, luy auroict confirmé son gouvernement, comme a faict apparoir de ses lettres patentes signees de Sa Majesté, avec lettre a luy escripte, requerant icelles estre enregistrees, appres que lecture a este faicte desdites provisions et lettres, a este concedé qu'elles seront enregistrees, la teneur desquelles ensuict :

---

[1] Ces notes sont extraites du plus ancien livre des jurades de Layrac (BB. 1.) On pourrait facilement les compléter en faisant quelques recherches. Les archives de Laplume, possèdent des lettres de Mérens, que j'ai récemment classées (série EE.'; et, sans doute les registres de l'hôtel de ville d'Agen contiennent plus d'un renseignement sur les rapports qui eurent lieu entre nos consuls et le gouverneur de Layrac. Je me suis proposé non d'écrire une biographie mais de rédiger le bref commentaire d'une lettre de Henri IV. Par une singulière bonne fortune je crois avoir contribué en même temps à tirer de l'oubli le nom d'un capitaine gascon, hautement apprécié par le roi de Navarre. Une étude plus approfondie des actes de ce personnage confirmera peut-être un jugement prononcé sous réserve de plus ample information. Dans les vingt-cinq années d'exercice de ses fonctions administratives et militaires, relativement modestes, Pierre de Mérens paraît avoir vécu sans ambition de plus hautes faveurs ; il fit preuve d'un grand esprit de justice et de tolérance, mérite bien rare aux époques de luttes, et qui ne préserve pas toujours des hostilités guelfes et gibelines.

*Commission de gouverneur de la ville de Layrac, accordée
au sieur de Mérens.*

De par le roy, a nostre amé et feal le sieur de Merenx, salut. Estant requis et necessaire de pourvoir a la seureté, deffance et conservation de nostre ville de Leyrac, en Gascogne, en nostre obeissance, affin que noz ennemis ne s'en emparent, nous avons advizé de metre dedans quelque bon vailhant et experimenté capitaine pour y commander et avoir l'œil a ladite conservation contre les entreprises de nos dits ennemis, duquel la fidellité et affection a nostre service nous sont cogneus. A ces causes, scaichant les qualites susdites estre en vous et que nous ne scaurions faire meilheure ny plus digne eslection que de vostre personne, nous vous avons commis, ordonné et depputé, comettons, ordonnons et depputons pour commander pour nostre service en nostre dite ville de Leyrac, et aux gens de guerre y establis en garnison, prévenir et empescher les dessains que nos dits ennemis pourront dresser dessus, les rendre inutilles et infructueux et y veilher tellement qu'il n'en arrive aucun inconvénient au prejudice de nostre service, commander et ordonner aux manans et habitans d'icelle ce qu'ilz auront a faire pour icelluy et leur propre conservation, faire vivre les gens de guerre de ladite garnison, avec tant de modestie et dissipline militaire qu'il ne nous en vienne aulcune plaincte ; de ce faire, accomplir et executer vous avons donné et donnons plein pouvoir, auctorité, comission et mandement spécial ; mandons et commandons a tous noz officiers et subjetctz qu'il appartiendra et aux dits soldats qu'a vous en ce faisant ils obeissent et entendent, car tel est nostre plaisir. Donné au camp de Dernetal, devant Rouen, soulz le sel de nostre secretaire, le dernier jour de decembre mil cinq cens quatre vingtz unze. Henry. Signé, et plus bas : Par le Roy, Ruze.

Lettre du roi de Navarre.

Monsieur de Merenx, les services que vous m'avés sy devant faictz dans ma ville de Leyrac et ailheurs ou l'occazion s'en est presantée m'ont esté sy agreables que je les veux recognoistre selon le merite d'iceulx par toutes les gratifications que vous scauries instamment desirer de moy. Mais, pour ce que ce n'est pas tout de bien commencer quy n'acheve, et qu'en ceste saison il fault que tous mes bons et fidelles serviteurs et subjetz s'esvertuent pour rendre preuve de l'affection qu'ilz ont au bien de mes affaires, je vous ay faict la presante pour vous dire que vous continues de faire de bien en mieux, ayant l'œil ouvert a la conservation de ma dite ville de Leyrac, de sorte qu'il n'en puisse arriver aulcun inconvenient et que les dessains que les rebelles pourroint avoir dessus demeurent infructueux, selon la parfaicte et entiere confiance que j'en ay en vous; et je prieray Dieu qu'il vous aye, Monsieur de Merenz, en sa saincte garde. Escript au camp, devant Rouen, le dernier jour de decembre mil cinq cens nonante-ung. Henri. Signé, et plus bas : Ruze.

En marge :] Faictes continuer la fortification de la citadelle.

Agen, Imprimerie V⁵ LAMY, rue Saint-Antoine, 43.

www.ingramcontent.com/pod-product-compliance
Lightning Source LLC
Chambersburg PA
CBHW071424060426
42450CB00009BA/2002